Eugen Meyer, George Berkeley

Humes und Berkeleys Philosophie der Mathematik,

vergleichend und kritisch dargestellt

Eugen Meyer, George Berkeley

Humes und Berkeleys Philosophie der Mathematik,
vergleichend und kritisch dargestellt

ISBN/EAN: 9783743669659

Hergestellt in Europa, USA, Kanada, Australien, Japan

Cover: Foto ©ninafisch / pixelio.de

Weitere Bücher finden Sie auf **www.hansebooks.com**

HUMES UND BERKELEYS PHILOSOPHIE DER MATHEMATIK,

VERGLEICHEND UND KRITISCH DARGESTELLT.

INAUGURAL-DISSERTATION

ZUR

ERLANGUNG DER PHILOSOPHISCHEN DOKTORWÜRDE

WELCHE

MIT GENEHMIGUNG DER HOHEN PHIL. FAKULTÄT

DER

VEREINIGTEN FRIEDRICHS-UNIVERSITÄT
HALLE-WITTENBERG

SONNABEND, DEN 26. MAI 1894, MITTAGS 12 UHR.

ZUGLEICH MIT DEN ANGEHÄNGTEN THESEN

ÖFFENTLICH VERTEIDIGEN WIRD

EUGEN MEYER,

AUS BIELEFELD (WESTFALEN).

OPPONENTEN:

Herr WILHELM DITTENBERGER, Cand. math.
Herr HERMANN KRÜGER, Drd. phil.

HALLE a. S.
DRUCK VON EHRHARDT KARRAS.
1894.

Die vorliegende Arbeit erscheint in erweiterter Form in der Sammlung von „Abhandlungen zur Philosophie und ihrer Geschichte" herausgegeben von Benno Erdmann.

HERRN DIREKTOR DR. BAERWALD

IN FRANKFURT AM MAIN

IN AUFRICHTIGER DANKBARKEIT UND VEREHRUNG

DARGEBRACHT.

Nicht ohne den Schein der Berechtigung möchte gegen eine Darlegung von Humes und Berkeleys philosophisch-mathematischen Lehren geltend gemacht werden, dass das Ergebnis einer solchen unmöglich die aufgewendete Mühe lohnen könne. Denn es würde nicht eben schwer sein zu zeigen, dass gerade die genannten Lehren der beiden englischen Empiristen in ihren Einzelheiten zu den schwächsten ihrer Systeme gehören und im ganzen genommen eher einen Rückschritt als einen Fortschritt gegenüber den Lehrmeinungen des Begründers der neueren Philosophie bezeichnen. Und von mathematischer Seite würde der Vorwurf nicht unerhört klingen, es verrieten Humes Erörterungen einen so erstaunlichen Mangel selbst an den elementarsten mathematischen Kenntnissen, und Berkeleys Polemik offenbare eine so unverhohlene Geringschätzung des Wesens und der Bedeutung mathematischer Forschung, dass man beiden Philosophen zu viel Ehre angedeihen liesse, wenn man diese ihre Ausführungen einer näheren Beurteilung unterzöge.

Derartige Einwendungen sind freilich nicht durch den Hinweis auf positive, der Kritik widerstehende Resultate, die sich in ihnen vorfänden, zu entkräften. Denn diejenigen ihrer Ansichten, die sich einer eingehenden Untersuchung gegenüber behaupten, sind in ihrem Bestande zu unbedeutend, als dass sie, wenn kein weiterer Gewinn in Aussicht stände, eine solche Untersuchung rechtfertigen könnten. Aber gerade das Raumproblem und die Frage nach den Grundlagen der Geometrie sind für die Geschichte der Philosophie von Deskartes bis Kant zu wichtig, als dass nicht ein näheres Eingehen auf die Stellungnahme der einzelnen schon deshalb berechtigt erschiene, weil ohne solche die allgemeine Charakteristik derselben stets eines genügenden Fundamentes entbehren muss. Nur so kann ein klares Urteil darüber gewonnen werden, in welchem Sinne und bis zu welchem Grade die englischen Empiristen sich zu einer Reaktion gegen die übermässige Wertschätzung der mathematischen Methode und der rationalen Natur ihrer Ergebnisse verleiten liessen. Diese Reaktion blieb wie jede andere von dem Missgeschick, des Guten zu viel zu thun, nicht verschont. Ein Gewinn war die Einsicht, die durch Locke vorbereitet, von Hume im bewussten Gegensatz zu Deskartes ausgesprochen wurde, dass die Besonderheit der deduktiven Methode durch die Eigenart der Gegenstände der mathematischen Disziplinen bedingt sei. Als ein Verlust aber gegenüber den Anschauungen des siebzehnten Jahrhunderts muss die Verkennung der Thatsache bezeichnet werden, dass Begriffe und Sätze der Geometrie ihrem Ursprung nach wirklich bis zu einem gewissen Grade unabhängig von vorausgehender Erfahrung sind. Es blieb Kant vorbehalten, diesen Verlust auszugleichen, ohne doch jenen Gewinn wieder aufgeben zu müssen.

Aber nicht nur nach dieser einen Richtung könnte die Behandlung unserer Aufgabe fruchtbar sein. Denn es wäre seltsam, wenn die Spuren der mathematischen Spekulation, die für Berkeley von früher Jugendzeit an von mehr als nebensächlicher Bedeutung war, sich einem aufmerksamen Beobachter nicht auch dort zeigen sollten, wo sie nicht gerade aufdringlich zu Tage treten. Und die Möglichkeit ist nicht ausgeschlossen, dass die Aufdeckung derselben hie und da zur Beseitigung von Unklarheiten dienlich sein könnte. Weniger oft wird sich dagegen in Humes Schriften ein bestimmender Einfluss mathematischer Denkthätigkeit aufweisen lassen, da für ihn eine solche sicherlich nur in ganz bescheidenem Umfange in Betracht kommt. Vielmehr scheint es, dass hier umgekehrt die Anschauung über Methode und Grundlage der Mathematik sich der Behandlungsweise jener anderen Fragen, die für den schottischen Denker mehr im Vordergrunde des Interesses standen, angepasst habe. Und zwar musste sie sich, wie die nachfolgenden Ausführungen erweisen sollen, im Verlauf der Bemühungen Humes, seine Erörterungen über das Kausalitätsproblem in ein möglichst helles Licht zu setzen, eine völlige

Umwandlung in ihren wesentlichsten Punkten gefallen lassen. Die Wahrnehmung dieses Wandels in seinen Ansichten während der Zeit, die zwischen der Abfassung der Jugendschrift und ihrer späteren Umarbeitung liegt, würde ohne ein Eingehen auf ihre Einzelheiten wohl kaum möglich gewesen sein, und doch ist sie vielleicht als ein Beitrag zu der noch ungelösten Aufgabe anzusehen, das Verhältnis jener beiden Schriften zu einander des genaueren festzustellen.

Hinter der Sicherstellung dieser Ergebnisse schien dem Verfasser die Aufgabe zurückstehen zu müssen, die Punkte aufzuzeigen, an welchen etwa eine unmittelbare Einwirkung Berkeleys auf Hume vorauszusetzen ist. Die vergleichende Zusammenstellung der Lehren beider, wie sie in jedem Abschnitt vorgenommen wurde, zeigt meistens nur, wo ein derartiger Einfluss möglicherweise vorhanden ist. Denn zur Gewinnung durchaus verlässlicher Ergebnisse sind die Quellen, aus denen eine Einsicht in den philosophischen Entwicklungsgang des schottischen Denkers geschöpft werden könnte, viel zu dürftig. Und selbst in allen den Fällen ist Vorsicht geboten, wo die Uebereinstimmung der Ansichten beider ohne weiteres die Annahme einer Beeinflussung Humes durch seinen irischen Vorgänger zu fordern scheint. Denn diese Gleichheit könnte ja auch entweder in der Anregung eines Dritten seinen Ursprung haben oder darin begründet sein, dass auf beiden Seiten unabhängig von einander die Ansichten im Kampfe mit denselben traditionellen festbestimmten Meinungen ihrer Zeit zur Reife kamen. Als derjenige Philosoph, von welchem vielleicht Hume wie Berkeley die erste Anregung zu der hier in Frage stehenden Gedankenrichtung empfing, könnte vor allem Hobbes in Betracht kommen, der z. B. sagt [1]: *Fallaciarum ergo in mathematicis principalis causa et frequentissima est, quod ratiocinationis initium sumunt a definitionibus non intellectis, aut falsis, aut ambiguis, ex quibus certi deduci nihil potest* und ferner: *pro maxima geometriae pernicie accuso, primo, lineam sine latitudine, rem inconceptibilem, . . . quarto, omnem infiniti considerationem, tam geometricam, tum arith-*

---

[1] Th. Hobbes, *Principia et problemata aliquod geometrica* c. XII. (Opera philosophica ed. Molesworth V 205 f.).

nebram. Dies sind Ausführungen, deren Uebereinstimmung mit denjenigen der beiden Empiristen eine nähere Vergleichung evident macht. Und was die zweite Möglichkeit betrifft, so soll hier nur das eine erwähnt werden, dass beide Autoren gleichmässig Barrows *Lectiones geometricae* benutzt haben,[1] ein, wie es scheint, zu jener Zeit auf Hochschulen vielbenutztes Kompendium.

Raumanschauung und mathematische Punkte.

Der Begriff des mathematischen Punktes spielt bei Hume für die Ausführungen gegen die Teilbarkeit räumlicher Grössen *in infinitum* eine grosse Rolle. Indem er, wie bekannt, Wahrnehmungsvorstellungen, Gefühle und Willensvorgänge, wenn sie unmittelbar gegenwärtig sind, als Impressionen, sofern sie nur bewusst reproduziert oder eingebildet sind, als Ideen bezeichnet, behauptet er, dass die Idee irgend einer Raumgrösse nicht ins unendliche teilbar sei, und dass genau dasselbe von ihren Impressionen gelte.[2] Das erste begründet er mit der beschränkten Fähigkeit des Verstandes, welchem es unmöglich sei, den Begriff der Unendlichkeit sich zum Bewusstsein zu bringen,[3] das zweite damit, dass jeder bestimmte Gegenstand für die Gesichtswahrnehmung aus grösser und grösser werdender Entfernung schliesslich einmal dem Auge als unteilbar erscheinen müsse. Es kommt also nach Hume dafür, ob wir einen Gegenstand für teilbar oder unteilbar erklären, darauf an, ob wir ihn aus grösserem oder geringerem Abstande, sowie darauf, ob wir ihn mit unbewaffnetem Auge oder mit einem Mikroskop oder Fernrohr betrachten.[4]

[1] Cf. D. Hume, *Philosophical Works* 2, ed. T. H. Green & T. H. Grose, London 1886, I, 351 Note. — G. Berkeley, *Works*, ed. Fraser, Oxford 1871, IV, 487 unten, 495 oben. Die Citate von Seitenzahlen beziehen sich im folgenden durchgehends auf diese beiden Ausgaben. Ausserdem ist bei denjenigen aus Humes *treatise of human nature*, die sich stets nur auf vol. I der Schrift beziehen, mit römischer Ziffer die Abteilung (*part*), mit arabischer die Sektion bezeichnet. Es bedeutet ausserdem *C. B.* — *Commonplace Book*; *Princ.* — *Principles of human knowledge*; *Intr.* = die Einleitung zu dieser Schrift; *N. Th. of V.* = *an essay toward a new theory of Vision*; *An. Analyst.*
[2] *Treatise* II, 1. [3] II, 2. [4] II, 1.

Die Verneinung der unbegrenzten Teilbarkeit räumlicher Grössen scheint aber der unwiderlegbaren Thatsache zu widersprechen, dass mathematische Punkte in Wirklichkeit nicht existieren können, da sie keine Ausdehnung besitzen.[1] Würde man nämlich die Teilbarkeit eines ausgedehnten Körpers in unteilbare Punkte behaupten, so würde man damit anscheinend die Wirklichkeit der mathematischen Punkte zugeben. Diesen Einwurf sucht Hume mit der Behauptung zu entkräften, dass diejenigen Punkte, welche nach seiner Lehre entstehen, wenn man einen Körper in die kleinsten, ihrerseits unteilbaren Teile, d. h. nach seiner Ansicht in mathematische Punkte, teilt, zwar keine Ausdehnung besitzen, da sie sonst nicht unteilbar sein würden, wohl aber gefärbt und tastbar (*coloured and tangible*) seien. Insofern käme ihnen allerdings wirkliche Existenz zu.

Ein zweiter Einwand, den sich Hume macht, ist der folgende. Man könnte sagen, dass, wenn ein Körper aus mathemathischen Punkten bestände, sich nicht vorstellen liesse, wie zwei solche einfache, unteilbare Punkte neben einander liegen könnten, ohne dass zwischen ihnen sich etwas anderes befände. Denn berühren mit ihrer Aussenseite können sie sich nicht, weil ihnen wegen ihrer Unteilbarkeit eine solche Aussenseite gar nicht zugeschrieben werden kann. Der Erfolg wird also sein, dass eine Durchdringung stattfindet. Da aber eine Durchdringung unmöglich ist, so kann es auch keine mathemathischen Punkte geben. — Auf diesen Einwand erwidert Hume mit dem Hinweis darauf, was man unter Durchdringung eigentlich zu verstehen habe. Durchdringung zweier Körper ist nach ihm die Vernichtung des einen und die unversehrte Erhaltung des anderen Körpers, ohne dass man deutlich unterscheiden kann, welches der vernichtete und welches der unversehrte Körper ist. Wenn man nun, sagt Hume weiter, zwei farbige und tastbare Punkte annimmt, die sich einander nähern, so ist nicht der leiseste Zwang zu der Annahme vorhanden, dass der eine der beiden Punkte vernichtet wird. Aus der Vereinigung beider, von denen der eine als blau, der andere als rot angenommen werden kann, wird offenbar ein zusammengesetztes Wahrnehmungs-Objekt hervorgehen, welches sich

---

[1] II, 4. *Works* I, 346.

deutlich in zwei verschiedene Bestandteile zerfällen lässt. Von einer Durchdringung kann also keine Rede sein.

Farbe und Tastbarkeit sind die beiden wesentlichen Eigenschaften, die Hume den mathematischen Punkten zuschreibt. Ohne dieselben würden wir nicht nur nicht irgend welche Impressionen von mathematischen Punkten erhalten, sondern es ist uns auch schlechterdings unmöglich, irgend eine Idee derselben zu bilden, ohne sie uns als gefärbt und tastbar vorzustellen. Ohne diese Eigenschaften würden die mathematischen Punkte auch nicht die Teile sein können, aus denen die sinnlich wahrnehmbaren Körper bestehen; denn da diese gefärbt und tastbar sind, so müssen es notwendig ihre Teile gleichfalls sein.[1]

Wir kommen also zu dem Ergebnis: Als mathematische Punkte bezeichnet Hume die ausdehnungslosen, dem Gesichtssinn und dem Tastsinn als unteilbar erscheinenden letzten Teile der räumlichen Grössen (*extension*). Ihnen kommen die Eigenschaften der Gefärbtheit und der Tastbarkeit zu, ebenso wie den Vorstellungen (*ideas*) von ihnen die Vorstellungen dieser Eigenschaften.

Im Anschluss an die Lehre von den unteilbaren Punkten ist es nun leicht, auseinanderzusetzen, wie sich Hume den psychologischen Ursprung und das Wesen unserer Raumanschauung denkt. Da jeder Idee eine Impression entsprechen muss, von welcher sie abgeleitet ist, so kommt es nur darauf an, aufzuzeigen, welches diejenige Impression ist, der wir die Idee des Raumes verdanken. Nun bildet nach Humes Ansicht die Gesamtheit der farbigen, unteilbaren Punkte, in die sich jeder Gegenstand der Gesichtswahrnehmung für das Auge auflösen lässt, besagte Impression, sodass also unsere Raumanschauung sich aus Elementar-Raumempfindungen, — wenn der Ausdruck gestattet ist, — zusammensetzt. Die Raumanschauung entsteht also durchaus empirisch, und zwar scheint Hume dabei dem Gesichtssinn die grössere Bedeutung, den Erfahrungen des Tastsinns dagegen eine mehr nebensächliche Rolle zuzuweisen.[2] Hiernach ist es klar, dass dem Geometer das Recht bestritten wird, sich einen Raum neben den raumer-

[1] II, 3. [2] II. 3 *Works* 340 f. 345.

füllenden Körpern zu denken, einen absoluten Raum, der bestehen bleibt, auch wenn alle Körper vernichtet würden. Denn ein solcher Raum würde *an insensible extension* sein, und das ist ein eben solches Unding wie *an invisible and intangible distance*, d. h. eine Entfernung zwischen zwei Objekten, die durch keine anderen sichtbaren oder tastbaren Körper getrennt sind.[1]

Die Ansicht über die Raumanschauung und die Vorstellbarkeit unteilbarer Punkte vertritt Hume im wesentlichen auch noch im *essay concerning human understanding*. Auch hier sagt er:[2] *The idea of extension is entirely acquired from the senses of sight and feeling*, und später: *an extension that is neither tangible nor visible, cannot possibly be conceived*. Ebenso wendet er sich[3] gegen die Lehre von der Teilbarkeit *in infinitum* räumlicher Grössen und hier im *essay* auch gegen die unendlich kleinen Grössen erster und höherer Ordnung, wie sie von Leibnitz und seiner Schule in der Differential-Rechnung gebraucht wurden. Dass er im *essay* jene unteilbaren Punkte, die in dem Erstlingswerk als „*mathematical points*" angesprochen werden, mit dem Namen „*physical points*" belegt[4] und hier die Frage nach den *mathematical points* offen lässt, während er im *treatise* sagt, das System der *physical points* „*is too absurd to need a refutation*", kann als eine sachliche Aenderung nicht angesehen werden.

Es erscheint nicht unmöglich, dass für diese Anschauungen des schottischen Philosophen die Ausführungen Berkeleys über denselben Gegenstand von massgebender Bedeutung gewesen sind. Denn es lässt sich füglich behaupten, dass die Erörterungen des ersteren über den Raum und die beschränkte Teilbarkeit sich nur durch eine geringere Klarheit und eine unvollkommenere mathematisch-physikalische Grundlage von denen Berkeleys unterscheiden. Dieser hatte schon in seiner 1709 erschienenen Schrift „*New Theory of Vision*" die Entstehung unserer Raumanschauung ausführlich erörtert. Humes *mathematical points* sind Berkeleys *minima sensibilia*. Die letzteren sind die Elementar-Empfindungen, aus denen sich bei

---

[1] II, 5.   [2] *Works IV*, 126 f.   [3] *Works IV*, 128 f.   [4] *Works IV*, 128 Note.

dem irischen Philosophen die Raumanschauung zusammensetzt.
Sie zerfallen in *minima visibilia* und *minima tangibilia*. Bei
Hume kommen hauptsächlich nur die ersteren für unsere Auffassung räumlicher Verhältnisse in Betracht, indem die durch
Tastempfindungen im Bewusstsein erzeugten Vorstellungen von
Lagen- und Grössenbeziehungen nur eine sekundäre Rolle spielen
und mit den durch den Gesichtssinn hervorgerufenen vollständig verschmelzen. Berkeley dagegen scheidet scharf von einander die durch den Gesichtssinn und die durch den Tastsinn
erzeugten Raumanschauungen als zwei durchaus getrennte Vorstellungsreihen[1] und fasst die letzteren, wie unten noch eingehender erörtert wird, als die primären und wichtigeren auf.
Was insbesondere die *minima visibilia* betrifft, so schreibt er
ihnen drei Eigenschaften zu: 1) sie sind schlechterdings unteilbar, 2) ihre Grösse ist für alle Geschöpfe, die der Gesichtswahrnehmung fähig sind, die nämliche, 3) die Anzahl der
minima visibilia, die sich im Gesichtsfelde des einzelnen Menschen
vorfinden, bleibt stets die gleiche, welches auch die das Gesichtsfeld erfüllenden Perzeptionen sind.[2]

Auch Humes Polemik gegen das Vakuum, den absoluten
Raum der Geometrie, könnte durch die ähnlichen Ausführungen
Berkeleys beeinflusst, wenn nicht gar hervorgerufen sein. Schon
1721, also achtzehn Jahre vor dem Erscheinen von Humes
Jugendarbeit, sagt der Irländer in seiner Schrift „*de motu*":[3]
*Fingamus itaque corpora cuncta destrui et in nihilum redigi.
Quod reliquum est, vocant (sc. neoterici) spatium absolutum.*
Aber solch ein Raum hat nur negative Eigenschaften: *spatium
illud est infinitum, immobile, indivisibile, insensibile, sine relatione et sine distinctione*. Wir können daher weder durch die
Sinneswahrnehmung, noch durch die Einbildungskraft, noch
durch den „*intellectus purus*" irgend welche Kenntnis von ihm
erhalten; er ist also ein blosses Wort, *nihil aliud quam pura
privatio aut negatio, hoc est merum nihil*. Auch ist es nach
Berkeley ebenso absurd, von dem Raum, wie von den übrigen
Gegenständen der Sinneswahrnehmung anzunehmen, dass ihnen

---

[1] *two sets of ideas which are widely different from each other.* N. Th.
of V. 111. cf. auch C. B. Works IV. S. 185 Mitte.
[2] N. Th. of V. s. 80—82. [3] s. 53.

eine Existenz ausserhalb des menschlichen Bewusstseins zukäme. *Extension a sensation, therefore not without the mind.*[1]

In der Kritik der unbegrenzten Teilbarkeit geometrischer Grössen hat Hume gleichfalls in Berkeley einen Vorgänger, dessen Ausführungen die seinigen jedenfalls an Tiefe übertreffen, schon deshalb weil Berkeley ihm an mathematischer Schulung unvergleichlich überlegen war. Zwei Gründe glaubt er gefunden zu haben, welche die Mathematiker veranlasst haben, in ihrem Irrtum von der Teilbarkeit einer Linie *in infinitum* zu beharren, nämlich den Glauben an eine Existenz der sinnlich wahrgenommenen Dinge ausserhalb des Bewustseins[2] und die falsche Ansicht von dem Wesen der abstrakten Vorstellungen.[3] Die Geometer sagen nämlich, eine auf das Papier gezeichnete Linie, also etwa eine solche von zwei Zoll Länge, sei teilbar *in infinitum*. Dass dem nicht so ist, würden sie sofort einsehen, wenn sie sich erinnerten, dass schon etwa der zehnmillionte Teil einer solchen Linie auf keine Weise uns sinnlich wahrnehmbar gemacht werden kann, also als nicht existirend angenommen werden muss. In Wirklichkeit ist es aber auch gar nicht die Ansicht des Mathematikers, argumentiert Berkeley weiter — dass die gezeichnete Linie selbst teilbar *in infinitum* ist. Denn er betrachtet sie gar nicht als einzelne Linie, sondern nur als ein Zeichen für Linien der verschiedensten Grösse, ebenso wie das Begriffswort nur ein Zeichen ist für eine grosse Anzahl von Einzelvorstellungen. Wenn also der Mathematiker beispielsweise von dem millionten Teil einer Linie spricht, so will er damit nicht etwa sagen, dass die auf das Papier gezeichnete Linie in Millionen Teile teilbar ist, sondern nur, dass unter den Linien, deren Repräsentant die gezeichnete Linie ist, sich gewisse von einer solchen Länge vorfinden, dass ihr millionter Teil noch mit den Sinnen wahrgenommen werden kann. Und wie sehr ich auch die Anzahl der Teile vergrössern mag, stets ist es möglich, mir eine Linie von solcher Länge zu denken, dass diese ihre Teile der Perzeption noch zugänglich sind. Nicht mehr und nicht weniger ist unter dem geometrischen Postulat der unbegrenzten Teilbarkeit einer Linie

---

[1] *C. B. W. IV.* S. 168 u. *cf.* auch S. 166 u.
[2] *An. Query* 7. *C. B. W. IV,* S. 469 o., 496 o., *Princ.* 85, 124
[3] *An. Query* 17—20 *C. B.* 486 o., 487, 495 u , *Princ.* 125—128.

zu verstehen, aber so gefasst ist das Postulat auch notwendig, weil alle geometrischen Sätze unabhängig von den absoluten Dimensionsverhältnissen gültig sein müssen.

Eine Kritik von Humes und Berkeleys Lehren über die Natur der Raumanschauung kann des ersteren Vermengung des Begriffs der mathematischen Punkte mit den *minima visibilia* unerörtert lassen, und es soll daher hier nur noch beider Polemik gegen den absoluten Raum der Geometrie näher getreten werden. Zunächst ist zu bemerken, dass sie, der Natur ihrer Systeme gemäss, nur das psychologische Raumproblem ausführlich behandeln, nicht aber das metaphysische, dass aber beide Seiten des Problems für den Inhalt der geometrischen Wissenschaft im Grunde belanglos sind. Wenn diese und noch mehr die Mechanik den Raum als übrigbleibend ansieht, wenn alle raumerfüllende Materie entfernt ist und diesen Raum als ausserhalb des Geistes existierend betrachtet, so ist das sicherlich eine unrichtige Hypothese, gegen die aber, da sie sich jenen Disziplinen als bequemste Form der Auffassung räumlicher Verhältnisse darbietet, erst dann etwas zu erinnern sein würde, wenn die Resultate beider Wissenschaften mit den Thatsachen der Erfahrung nicht mehr im Einklang ständen. Die Befürchtung, dass dies einmal für die hergebrachte Euklidische Geometrie eintreten könnte, ist zwar neuerdings, besonders durch die Untersuchungen von Riemann und Helmholtz, eher wachgerufen als niedergeschlagen worden; aber selbst dann, wenn wirklich einmal eine solche Discrepanz der geometrischen Sätze mit den empirischen Thatsachen sich herausstellen sollte, müsste doch der Grund dafür nicht in der Unrichtigkeit jener Hypothese betreffs der realen oder idealen Natur des Raumes, als vielmehr in einer falschen Bestimmung der Prädikate der Raumvorstellung gesucht werden.[1] Denn so wenig die geometrischen und mechanischen Begriffe unabhängig von aller Erfahrung erworben werden können, so gewiss ist anderseits doch, dass Inhalt und Gültigkeit der Lehrsätze jener Disciplinen unabhängig sind von der Art, wie die Raumanschauung psychologisch in uns entsteht, und welcher meta-

---

[1] Man vergl. hierzu: B. Erdmann, Die Axiome der Geometrie, Leipzig 1877 S. 35 f.

physische Sinn ihr beizumessen ist. Und es darf als kein geringer Vorteil der Geometrie und der Mechanik betrachtet werden, dass sie für ihren Fortschritt nicht auf die endgültige Lösung des philosophischen Raumproblems zu warten brauchen.

Begriff der mathematischen Linie und Fläche.

Wie man sich eine Fläche und eine Linie im mathematischen Sinne vorzustellen habe, erörtert Hume gleichfalls bei Gelegenheit der Widerlegung der unbegrenzten Teilbarkeit der Körper. Die Definitionen der Fläche und Linie, wie sie von den Mathematikern gewöhnlich gegeben werden, erfordern die Annahme, dass begrenzte Körper nur in eine endliche Anzahl von Teilen geteilt werden können. Denn die Definition der Fläche lautet: sie ist etwas, was Längen- und Breitenausdehnung ohne Höhe besitzt; die Definition der Linie: sie ist etwas, was Länge ohne Breite und Höhe besitzt. Nun sagt Hume, die Vorstellung solcher Linien und Flächen ist schlechterdings unvollziehbar ohne die Voraussetzung des Vorhandenseins unteilbarer Punkte: „denn wie könnte sonst irgend etwas ohne Länge, ohne Breite oder ohne Höhe existieren?".[1] da doch die von den Mathematikern als nicht vorhanden bezeichnete Dimension in Wirklichkeit aus einer Reihe unteilbarer Punkte besteht.

Trotzdem, sagt Hume, sträuben sich die Mathematiker auf das entschiedenste gegen die Annahme unteilbarer Punkte, helfen sich vielmehr mit folgenden zwei Antworten. Die eine lautet: Die Punkte, Linien und Flächen, deren Grössenverhältnisse und Lagenbeziehungen die Geometrie untersucht, sind reine Ideen unseres Geistes (mere ideas in the minds), sie sind niemals ausser uns in der Natur gesehen worden, und es ist unmöglich, dass sie jemals darin angetroffen werden. Darauf erwidert Hume, dass alles dasjenige, wovon wir eine klare und deutliche Vorstellung haben, gleichzeitig die Möglichkeit seiner Existenz involviert. Umgekehrt können wir von etwas keine klare Vorstellung haben, dessen mögliche Existenz wir leugnen. Würde man also die Möglichkeit der Existenz unteilbarer

[1] II, 4 Works I. 348

Punkte vernemen, in demselben Atem aber behaupten, dass wir eine klare Vorstellung von mathematischen Flächen und Linien besitzen, so würde das dem absurden Ausspruch gleichkommen, dass wir von etwas keine klare Vorstellung besitzen von den unteilbaren Punkten), weil wir eine klare Vorstellung davon haben (von den mathematischen Linien und Flächen, mit denen die unteilbaren Punkte unzertrennlich mitgegeben sind).

Die zweite Antwort, welche von mathematischer Seite gegeben wird, ist die folgende. Obwohl es nicht unmöglich ist, in der Natur sowohl wie in unserer Vorstellung, die Breite eines Dinges von seiner Länge zu trennen, so ist es doch möglich, von der ersteren so vollständig zu abstrahieren, dass wir nur die letztere im Auge behalten. Sehr leicht wird dies z. B. alsdann sein, wenn die Längenausdehnung die Breitendimension bedeutend übertrifft, wie es denn keine Schwierigkeiten hat, bei einem Wege zwischen zwei Städten die Breite so gut wie vollständig fortzudenken, so dass nur noch die Vorstellung der Länge übrig bleibt. — Um dieser Behauptung entgegenzutreten, könnte man nach Humes Ansicht zunächst erwidern, dass man, wenn man im Geiste eine Dimension kleiner und kleiner werden lässt, niemals zu einem Minimum gelangen kann, da sonst das Fassungsvermögen des Geistes (*capacity of the mind*) als unendlich gross vorausgesetzt werden müsste. Hume tritt aber auch der obigen Schlussweise in noch anderer Art entgegen.

Die Fläche wird auch als die Begrenzung des Körpers, die Linie als Begrenzung der Fläche, der Punkt als Grenze der Linie angesehen. Es ist aber unmöglich, sich eine Vorstellung von diesen Grenzen zu machen, ohne diejenige der Fläche nach der Dimension der Höhe, die der Linie nach der Dimension der Breite und Höhe, die des Punktes nach allen drei Dimensionen als unteilbar anzunehmen. Dies ist Humes Meinung, wenn er etwas unpräzis sagt: *I assert, that if the ideas of a point, line or surface were not indivisible, 't is impossible we should ever conceive these terminations;*[1] denn schlechterdings unteilbar ist nur der Punkt, während Linie

---

[1] *Treat.* S. 349.

und Fläche nach Humes Lehre in eine endliche Anzahl von
Linien bezw. Flächen oder beide auch in eine endliche Anzahl von unteilbaren Punkten teilbar sind. Genauer drückt
er es später aus:[1] *the ideas of surfaces, lines and points ad-
mit not of any division; those of surfaces in depth; of lines
in breadth and depth; and of points in any dimension.* Nun
versuche mal, sagt Hume, wer die unbegrenzte Teilbarkeit
nach allen drei Dimensionen behauptet, sich die Grenze eines
Körpers vorzustellen: wenn er sich bemüht, bei der Vorstellung
eines solchen seine Aufmerksamkeit rein auf die letzte Grenzfläche zu heften, so wird er finden, dass diese Fläche sich in
mehrere zerspaltet, und wenn er die äusserste dieser abgespaltenen Flächen sich vorstellt, so wird diese sich wieder
spalten u. s. f.; denn er hat ja eine Teilbarkeit *in infinitum*
angenommen. Er mag das fortsetzen, so lange er will, niemals wird er weiter kommen, als er gleich anfangs schon gekommen war: „*every particle eludes the grasp by a new fraction; like quicksilver when we endeavour to seize it*". Will
man daher die wirkliche Existenz von Flächen, Linien und
Punkten nicht überhaupt leugnen, so bleibt nichts übrig, als
die Annahme der unbegrenzten Teilbarkeit aufzugeben.

Also gelangen wir zu dem Ergebnis: Es ist nach Hume
nicht unmöglich, dass Flächen, Linien und Punkte im mathematischen Sinne in der Natur wirklich vorkommen, und zwar
deshalb, weil wir eine klare Vorstellung dieser Gegenstände
haben. Diese klare Vorstellung ist aber nur möglich auf Grund
der Voraussetzung unteilbarer Punkte, d. h. der Unteilbarkeit
der Fläche nach der Dimension der Höhe, der Linie nach derjenigen der Höhe und Breite, des Punktes nach allen drei
Dimensionen. Ohne diese Annahme ist es auch unmöglich,
sich die Grenzen eines Körpers vorzustellen.

Ueber diese Ausdehnungsverhältnisse der räumlichen
Grössen finden sich in Berkeleys Werken nur einzelne Andeutungen im *Commonplace Book*. Nach diesen ist auch er
der Meinung, dass die Annahme der Teilbarkeit räumlicher
Grössen *in infinitum* mit derjenigen der Existenz von Linien
ohne Breite und Höhe und von Flächen ohne Höhe in engem

---

[1] A. a. O. S. 350.

Konnex steht, so zwar, dass sich die Scheinbeweise für die erstere auf die Voraussetzung der letzteren stützen.¹ In Wirklichkeit giebt es aber solche Linien und Flächen nicht, weder als „ideas", noch als „perceptions"; sie sind also überhaupt nicht vorhanden. Es ist hier demgemäss ein Unterschied zwischen ihm und Hume zu erkennen, da dieser mit Zuhilfenahme der unteilbaren Punkte die Vorstellbarkeit mathematischer Linien und Flächen behauptet. Berkeley kann dies Auskunftsmittel nicht ergreifen, weil für ihn die „minima sensibilia" nicht mit den mathematischen Punkten identisch sind. Dass er aber trotzdem jenen mathematischen Begriffen ihre Berechtigung nicht gänzlich abspricht, sondern sie sich durch eine Art von Abstraktion gebildet denkt, geht aus einigen Stellen der erwähnten Schrift² hervor; jedoch haben dieselben zu sehr den Charakter unbedeutender, gelegentlicher Bemerkungen, als dass es sich verlohnte, länger bei ihnen zu verweilen.

Jedenfalls haben aber auch hier wieder beide Philosophen ihren empiristischen Standpunkt zu sehr zur Geltung zu bringen versucht. Darin haben sie unzweifelhaft Recht, dass Linien und Flächen, wie sie sich der Mathematiker denkt, nicht in der Natur vorkommen oder auch nur anschaulich vorgestellt werden können; denn, was Hume als Fläche und Linie angesehen wissen will, nämlich solche räumlichen Gebilde, bei denen die verschwindende dritte, bezw. zweite und dritte Dimension noch die Ausdehnung eines unteilbaren Punktes beibehält, kann selbstverständlich nicht auf die Bezeichnung einer mathematischen Fläche oder Linie Anspruch machen. Das aber verkennen wiederum beide, dass trotz der Unmöglichkeit, jene „Konstruktionsbegriffe" zur Anschauung zu bringen, sie sehr wohl der Gegenstand wissenschaftlicher Untersuchung sein können. Würde man ihnen diese Fähigkeit bestreiten, so würde man damit die Möglichkeit aller anderen Wissenschaften gleicherweise in Frage stellen, indem „die Vorstellung keines einzigen Begriffes rein vollziehbar ist, da die Merkmale, die ihn zur Anschauung ergänzen, immer in Mitwirkung bleiben".³

---

¹ C. B. W. IV, 468 u., 196 o. ² A. a. O. 452 u., 186 u.
³ B. Erdmann, a. a. O. S. 41 Anm. 2.

Begriff der graden Linie und der Ebene.

Wie erhalten wir nach Hume die Vorstellung der graden und der krummen Linie, und wie ist es uns möglich beide zu unterscheiden? Es scheint, als ob wir zu nichts auf einem einfacheren und leichteren Wege gelangten als zu jenen Vorstellungen, und als ob die Unterscheidung beider Arten von Linien stets auf den ersten Augenschein gelänge. So sehr das erste nun wohl auch thatsächlich und das zweite in den meisten Fällen zutreffen mag, so ist es doch unmöglich, eine Definition der graden und der krummen Linie zu geben, durch welche die Grenze zwischen beiden genau festgesetzt würde. Wir sind ausschliesslich auf die Wahrnehmung angewiesen, besonders wenn wir die Teilbarkeit als *in infinitum* fortsetzbar annehmen. Aber selbst auf Grund der Voraussetzung unteilbarer Punkte kommen wir nicht zu einer befriedigenden Definition. Wir sehen zwar, wenn wir Linien auf das Papier zeichnen, dass diese vom Anfangspunkt bis zum Endpunkt in einer bestimmten Ordnung ihrer Punkte fortlaufen; aber welches diese Ordnung ist, bleibt uns völlig unbekannt, und wir erhalten auf diese Weise höchstens einen dunklen Begriff eines gewissen seiner Natur nach unbekannten Ideals dieser Dinge (*a distant notion of some unknown standard to these objects*). Dies hindert uns aber nicht, den unvollkommenen Begriff der graden Linie, welchen wir durch den ersten Augenschein erhalten haben, allmählich zu vervollkommnen, durch eine genauere Betrachtung und etwa unter Zuhilfenahme eines Lineals, zu dessen Gradlinigkeit wir auf Grund wiederholter Versuche ein grösseres Vertrauen haben. Auch hiermit noch nicht zufrieden, glauben wir indes über die Genauigkeit, welche uns die Sinneswahrnehmung und die Einbildungskraft gewinnen lassen, hinausgehen und uns ein vollkommenes Musterbild (*standard*) dieser Linien vorstellen zu können. Aber es ist unsinnig, von der Möglichkeit einer solchen Vollkommenheit zu sprechen; denn jede Korrektion an dem ursprünglichen Begriff der graden Linie, die sich nicht auf die Sinneswahrnehmung, aber auch nicht auf die Einbildungskraft stützt, ist entweder ohne Nutzen oder überhaupt nicht zu vollziehen (*either useless or imaginary*).

Nun glauben freilich die Mathematiker eine genaue Definition der graden Linie zu geben, wenn sie sagen, es sei der kürzeste Weg zwischen zwei Punkten. Dies ist aber nicht eine Erklärung der graden Linie, sondern ein Lehrsatz, der über ihre Eigenschaften etwas aussagt. Denn niemand wird, wenn von einer graden Linie die Rede ist, zunächst an diese ihre Eigenschaft denken, sondern vielmehr an das ihr eigenthümliche Aussehen. Wäre dem nicht so, so würde es ja eine vollkommene Tautologie sein, zu sagen: „Der gradeste Weg ist der kürzeste". Auch brauchen wir für die Anschauung einer graden Linie nicht andere Linien zu Hülfe zu nehmen, wie es jene Pseudo-Definition thut. Ferner ist gegen sie einzuwenden, dass der Begriff des „grösser" und „kleiner" in sie eingeht, d. h. der Gleichheit und Ungleichheit geometrischer Grössen, dass aber, wie sich später herausstellen wird, dieser Begriff nicht fest und bestimmt ist und daher auch nicht zu einer befriedigend genauen Festsetzung eines zweiten Begriffs dienen kann.

Ebensowenig wie von der graden Linie besitzen wir von der Ebene ein unzweideutiges Musterbild (*a precise standard*), und wir haben abermals kein anderes Mittel zu bestimmen, ob eine Fläche eben ist oder nicht, als ihr allgemeines Aussehen. Es nützt uns nichts, dass die Mathematiker sich die Ebene durch die Bewegung einer graden Linie entstanden denken. Denn 1. ist unsere Vorstellung einer Fläche von der Art ihrer Erzeugung ebenso wenig abhängig wie die einer Ellipse von der Vorstellung des Kegels, 2. haben wir von der graden Linie ebenso wenig eine deutliche Vorstellung wie von einer Ebene und 3. würde es nicht genügen zu sagen, eine Ebene entsteht durch die Bewegung einer graden Linie, sondern man müsste hinzusetzen: „durch die Bewegung einer graden Linie längs zweier andern, die in einer Ebene liegen",[1] und dies würde *idem per idem* erklären, d. h. eine Zirkeldefinition sein.[2]

Die Nutzlosigkeit der zu jener Zeit gewöhnlichen Voraus-

---

[1] HERMT. sagt: „Längs zweier parallelen Graden, die in einer Ebene liegen".
[2] H. 1. W. 1, S. 354—356.

setzung einer allmächtigen Gottheit, welche vollkommen grade
Linien und Ebenen erzeugen könnte, bedarf nach Hume keines
Beweises.

Wir kommen somit zu dem Ergebnis: Es giebt nach
Humes Ansicht kein Musterbild (*standard*) für die grade Linie
und die Ebene, durch dessen Vergleichung mit einer vorgelegten Linie bezw. Fläche wir in allen Fällen eine unzweifelhafte Entscheidung darüber treffen könnten, ob die Linie
grade oder krumm, die Fläche eben oder krumm ist. Auch
ist es bisher noch nicht gelungen, eine genaue Definition dieser
geometrischen Gegenstände zu geben.

Während in dem oben besprochenen Abschnitt Humes Ansichten über die Ausdehnungsverhältnisse der Konstruktionsbegriffe entwickelt waren, sind in dem vorliegenden ihre Massbeziehungen, — um die von Riemann eingeführte Terminologie
beizubehalten[1] — einer Betrachtung unterworfen. Für die
Untersuchung derjenigen der Linien und Flächen stellt Hume
zwei Probleme auf: das erste betrifft ihre psychologische Entstehung auf Grund der empirisch gegebenen Daten, das andere
die Aufstellung einer befriedigenden Definition der graden
Linie und der Ebene. Von diesen Aufgaben hält er die erste
für unlösbar, da die Daten der Erfahrung zu dem vollkommenen
Begriff der graden Linie und der Ebene, wie ihn der Geometer fordert, nicht führen können, die zweite für ungelöst,
da die bisher gegebenen Definitionen kein Mittel an die Hand
gäben, die definierten Begriffe von den koordinierten Artbegriffen zu unterscheiden. Also, schliesst Hume weiter, — und
schüttet so das Kind mit dem Bade aus, — ist der mathematische Begriff der graden Linie und der Ebene derart, dass
wir nicht fähig sind, „*to explain or comprehend it*". In seinen
Erörterungen finden sich freilich ungehöriger Weise beide
Probleme mit einander vermengt: und er kommt ausserdem
dadurch zu einer falschen Bestimmung der an die Definition
der graden Linie zu stellenden Anforderungen, dass er die
letztere als anschauliche Vorstellung auffasst: denn er verlangt,
dass die Definition in ihren Bestandstücken nichts enthalten
dürfe, was nicht „dem eigentümlichen Aussehen" der graden

---

[1] Ges. mathem. Werke [2], 272 ff.

Linie unmittelbar entnommen werden könne. Damit soll jedoch nicht geleugnet werden, dass jene von Hume verworfene Definition der graden Linie wirklich keine Definition, sondern vielmehr ein Lehrsatz ist. Auch darin hat er vollkommen Recht, dass sich für die Untersuchung der psychologischen Entstehung der Konstruktionsbegriffe insofern eine Schwierigkeit ergiebt, als sich im ganzen Umfange unserer Erfahrung nirgends eine grade Linie oder eine Ebene im mathematischen Sinne antreffen lässt. Daraus aber den Schluss zu ziehen, dass diese Begriffe unfassbar seien, hätte Hume schon der gesicherte Bestand der geometrischen Lehrsätze verbieten müssen. Jene Massbeziehungen der Konstruktionsbegriffe lassen sich vielmehr als „empirische Ideen" bezeichnen: „sie verändern die beobachtbaren Eigenschaften der elementaren Körperformen so, dass sie ideale Musterbilder werden, denen alle Wirklichkeit nur beliebig nahe gebracht werden kann, die sie aber niemals zu erreichen vermag." Das Recht der Geometrie aber, „ihre ideellen Massbeziehungen als Musterbilder der thatsächlich beobachtbaren" hinzustellen, „statt zuzugestehen, dass ihre Conceptionen vielmehr nur Annäherungen an die Wirklichkeit seien", liegt begründet in dem „gleichartigen Anschauungsstoff der Geometrie" im Gegensatz „zu dem ungleichartigen Material der nicht mathematischen Disziplinen."[1]

Begriff der Gleichheit und Ungleichheit.

Nicht viel anders steht es mit dem Begriff der Gleichheit. Wir müssen hier aber unterscheiden den Fall der Anwendung dieser Begriffe auf geometrische und auf arithmetische Gegenstände. Betrachten wir zunächst den Begriff des Gleich-, Grösser- und Kleiner-Seins von Linien-, Flächen- und Rauminhalten, so fragt es sich, was bedeutet es, wenn der Mathematiker sagt, eine Strecke ist einer andern gleich, ist grösser oder kleiner als sie, und wie kommt er zu einer sicheren Entscheidung darüber, welches Verhältnis in einem bestimmten Falle Platz greift? Obwohl kaum einer unter ihnen sich zu der Lehre von den unteilbaren Punkten bekennen wird, so hätte doch ein solcher am ehesten und am besten eine Antwort auf diese Frage.

---

[1] Erdmann, a. a. O. S. 158. 160.

Er brauchte ja nur zu erwidern, zwei Linien oder Flächen seien alsdann einander gleich, wenn die Anzahl ihrer Punkte die gleiche ist. Solch eine Erklärung würde allerdings vollkommen richtig, aber auch gänzlich unbrauchbar sein, da wir niemals imstande sind, diese Anzahl durch Auszählung zu bestimmen. Die Punkte sind zu klein und verschwimmen zu sehr in einander, als dass sie einer Abzählung unterworfen werden könnten.

Bei denjenigen, welche die Annahme unteilbarer Punkte verwerfen, finden sich andere Erklärungen der Gleichheit und Ungleichheit. Einmal sagt man, zwei Strecken seien ungleich gross, wenn die Anzahl Fuss, die sie enthalten, eine verschiedene ist. Hierbei aber fragt es sich, wie kommen wir zu der Behauptung, dass dasjenige, was wir in der einen Strecke „Fuss" nannten, dem „Fuss" in der andern gleichzusetzen ist. Wir können nicht sagen, dass wir diese Gleichheit durch die Abzählung der in einem Fuss enthaltenen Anzahl eines kleineren Masses feststellen, da sich dann für dieses kleinere Mass dieselbe Frage erheben würde, wir aber ohne die Voraussetzung unteilbarer Punkte auf solche Weise niemals zu einem Ende gelangen können. Andere glaubten eine Lösung der Frage dadurch geben zu können, dass sie irgend zwei Figuren dann als einander gleich erklärten, wenn sie kongruent sind, d. h. beim Aufeinanderlegen sich in allen ihren Teilen vollständig decken. Dagegen ist aber zu erinnern, dass es zur Konstatierung der Gleichheit nicht genügt, dass sich die grossen Teile decken, sondern wir müssen untersuchen, ob die entsprechenden denkbar kleinsten Teile zur Kongruenz gebracht werden können. Es ist also eine solche Operation nur möglich unter der Annahme letzter, d. h. unteilbarer Teile, und wir hätten dann die bereits besprochene Definition für die Gleichheit, nämlich diejenige, welche sich auf die Abzählung der in der Figur enthaltenen mathematischen Punkte stützt. Diese Erklärung ist, wie gesagt, zwar richtig, eine praktische Verwendung lässt sie jedoch nicht zu.

Wenn also die besprochenen Methoden uns nicht zu einer Entscheidung über Gleichheit und Ungleichheit geometrischer Grössen zu verhelfen geeignet sind, so fragt es sich, worauf wir uns stützen, wenn wir trotzdem eine solche Entscheidung treffen. In vielen Fällen sind wir in der Lage, auf den ersten Blick zu entscheiden, welche von zwei wahrgenommenen Raumgrössen die grössere ist, oder ob beide grössengleich sind. In manchen Fällen irren wir aber in dem so gewonnenen Urteil, und wir werden erst dann eines besseren belehrt, wenn wir beide Objekte neben einander legen, oder, wo dies nicht angängig ist, indem wir sie nach einander mit einem unveränderlichen Massstab vergleichen. Aber auch hier kann das Ergebnis noch abhängig sein von der Natur des Instruments, mit dem die Messung ausgeführt wurde, und von dem Grade der Sorgfalt, den wir auf sie verwendeten.

Indem wir nun finden, dass wir im allgemeinen über das Grössenverhältnis zweier Objekte dasselbe Urteil gewinnen, gleichgültig, ob wir sie nach dem blossen Augenmass, durch Nebeneinanderlegen oder mit Hülfe eines Massstabs vergleichen, und dass nur in einzelnen Fällen das Resultat der roheren Methode durch dasjenige der feineren korrigiert wird, bilden wir uns auf Grund aller drei Methoden einen Begriff der Gleichheit (*a mixed notion of equality*). Aber hiermit giebt sich der Verstand noch nicht zufrieden. Da wir uns nämlich durch richtige Ueberlegung leicht überzeugen, dass es Körper giebt, die ihrer Kleinheit wegen aller sinnlichen Wahrnehmung unzugänglich sind, so ist klar, dass auch das feinste Messinstrument uns nicht vor Irrtümern und Unbestimmtheiten bewahren kann. Obwol wir nun aber durch empirische Untersuchung niemals zu der Ueberzeugung der vollständigen Grössengleichheit zweier Objekte gelangen können, so bilden wir uns doch den fiktiven Begriff solch einer vollkommenen Gleichheit. Diese Fiktion ist zwar weder recht fassbar, noch auch für die Praxis von irgend welchem Belang (*useless as well as incomprehensible*); aber dennoch ist es für den Verstand ein ganz natürliches und gewöhnliches Vorgehen, mit einem Denkprozess fortzufahren, selbst wenn jede Berechtigung fehlt, ihn über eine bestimmte Grenze hinaus fortzuführen.

Zu jenem Vorgang ist es nicht schwer, eine Reihe von Analoga zu finden. Es gilt das gleiche z. B. von der Zeit. Wir können die Zeitteile noch weniger genau messen als die Raumteile, und doch bilden wir uns, auf die verschiedenen, mehr oder weniger feinen Messmethoden gestützt, einen dunklen

Begriff der vollkommenen Gleichheit zweier Zeitabschnitte. Etwas Aehnliches findet auch dann statt, wenn ein Musiker bemerkt, dass sein Unterscheidungsvermögen für Intervalle von Tag zu Tag feiner wird, und er dann über die Leistungsfähigkeit seines Gehörs hinausgeht und sich den Begriff einer vollständig reinen Terz oder Oktave bildet, ohne darüber Rechenschaft geben zu können, welche Impression diesem seinen Begriff zu Grunde liegt *(without being able to tell whence he derives his standard.)*[1] Dasselbe gilt für unsern Begriff der stetigen Dauer der Aussenwelt, obwohl die Reihe unserer Impressionen eine unterbrochene, unstetige ist. Unsere Einbildungskraft scheint in dieser Beziehung gleichsam dem Gesetz der Trägheit zu gehorchen, da sie, durch einen einmaligen Anstoss zu einem Denkprozess angeregt, wie ein durch Ruder bewegtes Fahrzeug, auch ohne neuen Anstoss denselben ins Unbestimmte fortsetzt.[2]

Fassen wir das Gesagte zusammen, so haben wir folgendes Resultat:

Wir sind durch kein Mittel in den Stand gesetzt, über Grössengleichheit und -Ungleichheit geometrischer Gebilde in allen Fällen ein unzweifelhaftes Urteil abzugeben. Wenn wir trotzdem den Begriff einer idealen Gleichheit aufstellen, so ist das eine ebenso nutzlose wie unfassbare Fiktion, die jeder empirischen Grundlage entbehrt.

Ganz anders verhält es sich mit der Arithmetik. Hier haben wir wirklich einen genauen Massstab, mit dessen Hülfe wir darüber entscheiden können, ob zwei Zahlen gleich oder ungleich sind. Es ist der folgende:

Zwei Zahlen sind einander gleich, wenn jeder in der einen Zahl enthaltenen Einheit eine Einheit der andern zugeordnet werden kann.[3]

Auch hier stimmen die Ansichten Berkeleys, wie sie im *Commonplace Book* sich angedeutet finden, mit denjenigen Humes im wesentlichen überein. Denn auch er will keinen Idealbegriff der Grössengleichheit zulassen, vielmehr dem Be-

---

[1] II, 4. S. 350—351.   [2] IV, 2. S. 487 f.
[3] III, 1. S. 371. Nichts Neues oder Abweichendes bietet die Note im *essay W. IV, S. 129 f.*

griff nicht mehr Vollkommenheit zuschreiben als den Methoden empirischer Messung. In diesem Sinne erklärt ez zwei Linien für einander gleich, wenn durch die blosse Sinneswahrnehmung kein Unterschied in der Länge beider entdeckt werden kann.[1] Ja, es ist nach ihm selbst dann noch Grössengleichheit vorhanden, wenn eine solche Differenz durch ein Mikroskop sichtbar gemacht werden könnte, da die auf diese Weise als ungleich erkannten Linien Perceptionen sind, die gar nicht mit den früheren übereinstimmen.[2] Es ist nur eine richtige Konsequenz einer solchen Anschauung, dass er in der Quadratur des Kreises kein Problem erblicken kann, denn *particular circles may be squared, for the circumference being given, a diameter may be found betwixt which and the true there is not any perceivable difference ... Therefore further enquiry of accuracy ... is perfectly needless and time thrown away.*[3] Ferner ist er mit Hume der Ansicht, dass die Mathematiker keine befriedigende Erklärung der Grössengleichheit geben,[4] hält für das richtige Mass der Länge einer Linie die Anzahl der Punkte zwischen Anfangs- und Endpunkt[5] und sieht in dieser Massbestimmung das einzige Mittel, die Länge einer graden Linie mit derjenigen einer krummen zu vergleichen.[6]

So unmathematisch auch diese Auffassung einer graden Linie als einer Reihe diskreter Punkte ist, so scheint sich doch Berkeley der geometrischen Konsequenzen dieser seiner Anschauung bewusst geworden zu sein. Einmal wird durch sie die Stetigkeit der geometrischen Gebilde aufgehoben, und es ist nur ein Zeichen für diese Aufhebung, dass gewisse Linien, nämlich solche, die aus einer ungraden Anzahl von Punkten bestehen, nicht halbiert werden können;[7] zweitens werden aber auch auf solche Weise alle Linien kommensurabel, und die Geometrie giebt dann der Arithmetik keinen Anlass mehr, das Gebiet der rationalen Zahlen zu dem der irrationalen zu erweitern. Während man, solange es eine mathematische Wissenschaft giebt, mit den Bemühungen nicht aufgehört hat, die ihrer Natur nach diskrete Zahlenreihe so zu verändern, dass sie sich den stetigen Reihenformen der geometrischen Grössen möglichst

---

[1] C. B. IV, 486 Mitte.   [2] IV, 486 Mitte.   [3] IV, 486.   [4] IV, 432. u.
[5] IV, 423. u.   [6] IV, 431 M.   [7] IV, 488 o.

vollkommen anschliesst, haben wir hier den entgegengesetzten Versuch, letztere zu diskreten Reihenformen umzubilden und sie auf diese Weise der Zahlenreihe anzupassen, ein Versuch, der freilich um ebenso viel wertloser ist als jene erstgenannten, wie er sie an Einfachheit übertrifft. Dass es nicht unberechtigt ist, diesen Sinn in Berkeleys Ansicht hinein zu interpretieren, beweisen seine Notizen:[1] *Diagonal of particular square commensurable with its side, they both containing a certain number of m. c.*,[2] und später: *to inquire most diligently concerning the incommensurability of diagonals and side — whether it does not go on the supposition of units being divisible ad infinitum.* Hume freilich wurde durch die Mangelhaftigkeit seiner mathematischen Einsicht verhindert, ebenso wie Berkeley diese Folgerungen zu ziehen.

Zur sachlichen Berichtigung der Ansicht beider Philosophen sei nur darauf hingewiesen, dass der Begriff der Grössengleichheit sich seiner Entstehung und Gültigkeit nach durch nichts von den Konstruktionsbegriffen der Geometrie unterscheidet; denn „die Vorstellungen der Gleichheit, des bestimmten Teils u. s. w. sind ebenfalls empirische Ideen, nach denen wir die Grössenbeziehungen der Aussenwelt beurteilen."[3] Die auch auf anderem als mathematischem Gebiete vorhandene Neigung, Idealbegriffe zu bilden, giebt zwar Hume mit feinem psychologischen Takt zu; da ihm aber sein extremer Empirismus verbietet, die eigenartige Stellung der Mathematik unter den übrigen Wissenschaften anzuerkennen, so vermengt er die Fälle, in denen wir thatsächlich zu jenen Musterbildern gelangen, mit anderen, in denen das Bestreben erfolglos bleibt, wie in dem von ihm angeführten Beispiel reiner musikalischer Intervalle; denn wirklich zum Ziele kommt man hier auch nur dann, wenn man sich die Intervalle nicht, wie er es will, lediglich durch das musikalische Gehör aufgefasst, sondern durch das Verhältnis der Schwingungszahlen ihrer Grundtöne bestimmt denkt.

Darin hat aber Hume Recht, dass die arithmetische Gleichheit eine viel exaktere Prüfung erlaubt als irgend eine „physische Gleichheit." Freilich erhält das Kriterium, das er für

[1] *C B.* IV, 487.   [2] d. h. *minima visibilia*.   [3] B. ERDMANN a. a. O. 159

die Gleichzahligkeit angiebt, erst dann Sinn und Bedeutung, wenn man es nicht auf „zwei Zahlen", sondern auf „zwei Vielheiten von Dingen" bezieht. Denn zwei Zahlen, die einander gleich sind, fallen ihrem begrifflichen Inhalt nach in eine einzige Zahl zusammen, und deren Identität mit sich selbst bedarf keines Kriteriums. Setzt man aber statt „Zahl" den Begriff der „Vielheit" ein, so haben wir hier dasselbe auf dem Begriff der gegenseitig eindeutigen Zuordnung beruhende Kriterium, welches vielfach von neueren Mathematikern wie z. B. von Stolz[1] und Kronecker[2] angegeben worden ist. Gewiss hat Husserl[3] Recht, wenn er gegen Stolz ausführt, dass jenes Kriterium keine Definition der Gleichzahligkeit und am wenigsten eine Namenerklärung sei, aber er hat Unrecht, wenn er behauptet,[4] dass dasselbe nur für ganz niedrige Stufen des menschlichen Intellekts einen Wert beanspruchen könne. Denn das Ergebnis derselben Zahl bei der symbolischen Abzählung der Vergleichsmengen, welches er selbst für ein viel einfacheres Kriterium der Gleichzahligkeit hält, beruht ja doch auch nur auf der Möglichkeit gegenseitig eindeutiger Zuordnung, nur dass hier immer dieselbe bestimmte Folge von Zahlwörtern oder Zahlzeichen die Vermittlerstelle bei der Zuordnung übernimmt. Dass und warum aber das Abzählen die einfachste und bequemste Modifikation jener Vergleichsmethode der Zuordnung ist, bedarf kaum der Erörterung.

Notwendigkeit der mathematischen Sätze.

Durch das vorhergehende sind wir nun genügend vorbereitet, um untersuchen zu können, wie Hume sich zu der Frage betreffs der allgemeinen Gültigkeit und der Notwendigkeit der mathematischen Lehrsätze stellt. Wir müssen dabei aber die Ausführungen des *treatise* von denjenigen des *essay* scharf trennen, da sie in wesentlichen Punkten von einander abweichen. Fassen wir zunächst die ersteren ins Auge, so haben wir hier zu unterscheiden zwischen dem erkenntnistheoretischen und dem psychologischen Standpunkt Humes.

---

[1] Vorlesungen über allgemeine Arithmetik. Leipzig. 1885. I, 9.
[2] Philosophische Aufsätze, Ed. Zeller gewidmet. Leipzig. 1887. S. 269.
[3] Philosophie der Arithmetik. I. S. 106 f.   [4] a. a. O. S. 114 f.

In Bezug auf jenen trennt Hume die Arithmetik und Algebra von der Geometrie auf Grund des Grades der Sicherheit und Genauigkeit ihrer Lehrsätze. Die Sätze der erstgenannten beiden Wissenschaften erreichen den höchsten Grad der Genauigkeit und Gewissheit, und zwar deshalb, weil wir uns ein vollkommen zuverlässiges Urteil über das Verhältnis der Grösse zweier Zahlen bilden können. Das ist aber, wie wir sahen, für geometrische Quantitäten nicht möglich, und dies ist der erste und wichtigste Grund, weshalb die geometrischen Wahrheiten an Sicherheit und allgemeiner Gültigkeit den arithmetischen nachstehen.[1]

Ein weiterer Grund ist der, dass die Bestandteile der geometrischen Figuren, vor allem die grade Linie, durchaus nicht völlig bestimmt definiert werden können, dass vielmehr die Genauigkeit des Begriffs der graden Linie von dem Grade der Feinheit und Unterscheidungsfähigkeit unserer Sinne abhängig ist. Der Geometer kann deshalb für seine Sätze in allen den Fällen eine Anerkennung ihrer Gültigkeit nicht mehr beanspruchen, wo auf eine Beihülfe der Sinne nicht mehr zu rechnen ist. Wenn z. B. zwei grade Linien sich unter einem sehr kleinen Winkel schneiden, etwa so, dass seine trigonometrische Tangente gleich $\frac{1}{5000000}$ ist, so ist nicht zu entscheiden, ob sie alsdann sich wirklich nur in einem Punkte treffen, oder nicht vielmehr eine grade Linie von bestimmter Länge gemeinsam haben. Durch den Augenschein darüber irgend eine Entscheidung zu gewinnen, ist unmöglich. Es würde also in dem vorliegenden Falle der Satz, dass zwei grade Linien sich nur in einem Punkte schneiden können, oder dass zwischen zwei Punkten nur eine grade Linie zu ziehen möglich ist, nicht mehr zu Recht zu bestehen brauchen. Würde man uns nun entgegenhalten, dass, wenn zwei nicht zusammenfallende grade Linien eine Strecke gemeinsam haben könnten, die Punkte dieser Strecke nicht nach derjenigen Ordnung und Regel auf einander folgen könnten, wie sie für die Punkte einer graden Linie wesentlich ist, so würden wir darauf erwidern, dass uns in dem angegebenen Falle weder unsere Sinneswahrnehmung, noch unsere Einbildungskraft irgend ein Mittel an die Hand

[1] III, 1. W. I, S. 374 [IV, S. 129 Note.]

giebt, uns ein Urteil darüber zu bilden, ob diese Ordnung hier innegehalten oder verletzt sei. Es ist also zum mindesten eine offene Frage, ob es nicht Linien geben könne, die in allen ihren Teilen dem vollkommensten Begriff einer graden Linie, den zu bilden wir imstande sind, entsprechen, ohne dass doch die Sätze, welche die Geometrie über grade Linien aufstellt, auf sie verwendbar wären.

Auch der Begriff der Tangente eines Kreises bietet ähnliche Schwierigkeiten dar. Der Mathematiker setzt dabei voraus, dass es Linien giebt, welche nur einen einzigen Punkt mit einem Kreise gemeinsam haben, ohne imstande zu sein, die Impression dieser Idee aufzuzeigen, da er keine grade Linie zeichnen kann, die wirklich den Kreis nur in einem Punkte berührt.[1]

Aus dem Gesagten nun aber den Schluss ziehen zu wollen, dass die Geometrie überhaupt nicht in der Lage sei, uns eine höhere Genauigkeit bei der Vergleichung von Grössenverhältnissen zu verschaffen, als unsere Sinneswahrnehmung oder unsere Einbildungskraft für sich allein zu erreichen befähigt sind, wäre gänzlich verfehlt. Denn das Wesen der Geometrie besteht eben darin, *to run us up to such appearances, as, by reason of their simplicity, cannot lead us into any considerable error.*[2] Da aber die Aussagen über jene einfachsten Elemente sich auf die unmittelbarste und, von Grenzfällen abgesehn, untrüglichste Anschauung gründen, so erhalten auch die Folgerungen aus diesen Aussagen einen Grad von Genauigkeit, welchen auf anderm Wege zu erreichen schlechterdings unmöglich wäre. So schliessen wir auf diese Weise, dass die Summe der Winkel eines Tausendecks 1996 Rechten gleich ist, ohne auch nur im entferntesten in der Lage zu sein, auf Grund der Gesichtswahrnehmung allein eine solche Aussage zu machen.[3]

In Bezug auf die psychologische Seite der Frage macht Hume eine charakteristische Bemerkung. Sie bezieht sich auf die psychologischen Vorgänge, durch welche ein Mathematiker zur Ueberzeugung von der Richtigkeit eines neu entdeckten Satzes gelangt. Er wird dabei den Inhalt dieses Satzes anfangs für nichts anderes als eine blosse Wahrscheinlichkeit ansehen,

[1] H. 1 W. I, 358.   [2] W. I. 374.   [3] III, 1.

und erst allmählich, wenn er den Beweis mehrmals geprüft und die Zustimmung seiner Freunde erhalten hat, die Ueberzeugung von seiner Richtigkeit gewinnen, die sich zur Gewissheit steigert, wenn er des ungeteilten Beifalls der ganzen gelehrten Welt sich hat vergewissern dürfen. Die psychologische Gewissheit entsteht also für Hume in diesem Falle wie in allen andern auch nur durch die Summierung von immer mehr neu hinzukommenden Wahrscheinlichkeiten.[1]

Bevor wir auf eine Vergleichung dieser Erörterungen mit den entsprechenden der späteren Schrift eingehen, wollen wir Berkeleys Standpunkt zur Frage der demonstrativen Gewissheit der mathematischen Lehrsätze näher ins Auge fassen, denn es ist nicht unwahrscheinlich, dass er auf die Gestaltung der hier in Rede stehenden Abschnitte der Jugendschrift Einfluss gewonnen hat, während sich Hume bei der Umarbeitung derselben in auffallender Weise von ihm entfernte.

Zunächst findet sich zu der Art, wie Hume der Arithmetik und der Algebra eine Sonderstellung einräumt, bei Berkeley eine Analogie insofern, als er diese beiden Disziplinen als die einzigen reinen Wissenszweige der Mathematik ansieht und in der Geometrie nur eine Anwendung derselben auf die *minima sensibilia* erblickt.[2] Kann die Stelle freilich wegen des Orts, an dem sie sich findet, kein Anlass für die Gemeinsamkeit der Anschauungen beider gewesen sein, so ist ein solcher vielleicht vorhanden betreffs der Polemik des irischen Philosophen gegen die unumstössliche Gewissheit der mathematischen Lehrsätze. Allerdings sind die Argumente, deren sich der Bischof von Cloyne bediente, ebenso wie die Punkte, gegen die er seine Angriffe richtete, teilweise andere als bei dem schottischen Denker. Ersterer glaubte vor allem in den Fluxionen und Differentialen höherer Ordnung Begriffe gefunden zu haben, wegen deren er ungläubigen Mathematikern die Vorwürfe des Mysterien- und Autoritätsglaubens zurückgeben zu können wähnte, die sie ihrerseits gegen die Lehren der Kirche gerichtet hatten.[3] Und so unfassbar wie ihre Begriffe, so fehlerhaft soll die Methode der Fluxionenrechnung sein. Wunderbar genug

---

[1] IV, 1. W I, 472.   [2] *C. B.* W. IV. 457 o.
[3] An. 1–5. *Qu.* 63. 64. 67.   *Free thinking.*

erscheint es ihm zwar, dass sie dennoch zu richtigen Resultaten führt, aber dies liegt nach Berkeley nur daran, dass die Fehler sich stets paarweise aufheben. Er verkannte eben vollständig das Wesen aller Differential-Gleichungen, die in einem ganz anderen Sinne Gleichungen sind als die arithmetischen, nämlich nur die Bedeutung von Grenzbeziehungen haben. Ohne aber den Begriff des Limes zu kennen, der die ganze Infinitesimalrechnung und damit die gesamte höhere Analysis beherrscht, ist freilich ein Verständnis derselben völlig ausgeschlossen. Man kann es deshalb begreiflich finden, wenn in dem Streite, der sich an die Veröffentlichung des Analyst anschloss, und der von beiden Parteien mit recht unnötiger Heftigkeit geführt wurde, auf gegnerischer Seite von Berkeley als einem „*docteur ennemi de la science*" behauptet wird: „*ce docteur a l'esprit peu fait pour les Mathématiques.*" [1]

Auch gegen die Grundlagen der Geometrie richtet Berkeley nicht dieselben Einwände wie Hume; er ist nur der Meinung, dass hier der unheilvolle Glaube an die abstrakten Ideen und an die Existenz von Objekten ausserhalb unseres Geistes besonders verderbliche Irrtümer gezeitigt hätte,[2] wie z. B. die Behauptung der unbegrenzten Teilbarkeit der Raumgrössen.

Freilich hindert alles dies ihn nicht, die Gewissheit der Resultate, die Klarheit und Unwiderlegbarkeit der mathematischen Methode zu rühmen, „*which is hardly anywhere else to be found*",[3] aber den Grund hierfür findet er weniger, wie Hume, in der Art, wie die komplizierten Sätze auf die einfachsten zurückgeführt werden, als vielmehr in der Besonderheit der Zeichensprache, deren sich die Geometrie bedient. Die auf das Papier gezeichneten Figuren sind zwar nicht die Gegenstände selbst, über welche in den geometrischen Lehrsätzen Aussagen gemacht werden,[4] aber sie sind doch eine viel vollkommenere Darstellung dieser Gegenstände, als es für diejenigen anderer Wissenschaften die Worte sind. „*A visible square, for instance, suggests to the mind the same tangible figure in Europe that it doth in America.*" Es ist die Stimme der

---

[1] *La méthode des fluxions et des suites infinies par M. le Chevalier Newton.* Paris 1740. *Préface* S. XXV ff. Die Uebersetzung und Vorrede rührt von Buffon her.
[2] *Princ.* 118.   [3] a. a. O.   [4] *N. Th. of V.* 150.

Natur, welche in diesen Figuren zu uns spricht und daher nicht solchen Zweideutigkeiten und Missverständnissen ausgesetzt ist, denen Sprachen, die der Mensch ersonnen, unvermeidlich unterworfen sind. Und dieser Umstand giebt, wenigstens *in some measure*, eine Erklärung ab für die Evidenz der geometrischen Beweise.[1]

Eine kritische Würdigung der hier wiedergegebenen Ansichten ist grösstenteils schon in dem früher Gesagten enthalten; nur auf zwei Punkte muss in diesem Zusammenhang noch näher eingegangen werden. Zunächst ist hervorzuheben, dass die Begründung der Notwendigkeit aller geometrischen Sätze bei Hume eine weitaus zutreffendere ist als bei dem Verfasser des Analyst. Denn die Figuren, die zum Behuf der Beweisführung gewöhnlich gezeichnet werden, sind nur ein Hilfsmittel für die Anschauung, dessen Entbehrlichkeit für jeden ersichtlich ist, der dasjenige Mass von Abstraktionsvermögen besitzt, welches auch bei der Benutzung der Figuren immerhin zum Verständnis der Beweise erforderlich bleibt. Dazu kommt, dass man alle geometrischen Lehrsätze ohne irgend ein Bedürfnis, sich das Bewiesene zu versinnbildlichen, rein analytisch beweisen kann; ja, dass man auf diesem Wege eine Fülle von Eigenschaften geometrischer Gebilde durchaus folgerichtig und in sich widerspruchsfrei ableiten kann, die dem Anschauungsvermögen des menschlichen Intellekts wohl für immer unzugänglich bleiben werden. Daraus ist aber evident, dass die Figuren zu einer Begründung der Notwendigkeit der geometrischen Sätze nicht herangezogen werden können. Und anstatt eine Erklärung derselben in der eigentümlichen Natur der geometrischen Gebilde zu suchen, liess sich Berkeley eine ähnliche Ueberschätzung ihrer äusserlichen Versinnbildlichung zu Schulden kommen, wie sie bei Leibnitz in seinen Gedanken über eine allgemeine Wissenschaftssprache, „in welcher man nur die Wahrheit sagen könnte", zu Tage trat.

Durchaus richtig dagegen ist es, wenn Hume die Gewähr für die Sicherheit der geometrischen Sätze in der Besonderheit der mathematischen Methode erblickt, die es ermöglicht, die Aussagen über die kompliziertesten geometrischen Gestalten

---

[1] a. a O. 152. Man vgl. hier übrigens Hume, H. IV, 50

auf die wenigen axiomatischen Bestimmungen der Massverhältnisse unseres Raumes zurückzuführen. Und er bemerkt demgemäss ganz zutreffend, dass, wenn überhaupt irgendwo, nur in diesen die Quelle von Fehlern gesucht werden dürfe. Die Behauptung freilich bedarf keiner Widerlegung, dass die geometrischen Sätze dann nicht mehr auf unbedingte Zustimmung Anspruch erheben dürfen, wenn sie wegen der Kleinheit der dabei in Betracht kommenden Grössenverhältnisse einer empirischen Kontrolle nicht mehr fähig sind. Denn zu solchen Ausführungen konnte Hume nur durch seine Ansicht verleitet werden, dass die sichtbaren Figuren selbst den Gegenstand der Geometrie ausmachen. Eben weil dies nicht der Fall ist, sagt keiner ihrer Sätze über absolute Grössenverhältnisse von Figuren etwas aus und kann ihr Gültigkeitsbereich von solchen Grössenverhältnissen in keiner Weise abhängig sein. Diese Unabhängigkeit ist wiederum überdies schon dadurch gesichert, dass alle Sätze der synthetischen Geometrie auch in analytischer Form sich ausdrücken und beweisen lassen.

Die andere Frage, welcher hier ein kritisches Wort gewidmet werden muss, ist die nach der Art, wie der Mathematiker zu der Ueberzeugung von der Richtigkeit neu entdeckter Resultate gelangt. Dass diese Ueberzeugung anfangs nur den Grad blosser Wahrscheinlichkeit hat, folgt schon aus der Art und Weise, wie auch in den mathematischen Wissenschaften neue Ergebnisse gefunden werden, und Hume hat Recht, wenn er sagt, dass jeder Algebraiker und Geometer dies ohne weiteres einräumen wird. Ein solcher wird aber nicht zugeben, dass er erst die Bestätigung der Richtigkeit von seiten seiner Freunde und Fachgenossen abzuwarten nötig hätte, um jene Wahrscheinlichkeit zur Gewissheit zu steigern. Vielmehr ist eben das einer der Vorzüge der Mathematik, dass sie die Mittel in sich selbst besitzt, jedes ihrer Resultate dem System der übrigen so einzugliedern, dass seine Notwendigkeit offenbar wird. Ist diese Eingliederung durch ein deduktives Schlussverfahren vollzogen, und hat man sich über die Richtigkeit dieses Verfahrens dadurch vergewissert, dass man dasselbe noch auf einem zweiten Wege ausgeführt hat, so bedarf man nicht mehr der Zustimmung der gelehrten Welt. Solange aber eine solche Einfügung der neuen Ergebnisse in das gesicherte System der bereits vorliegenden noch nicht erreicht werden konnte, wie das z. B. für einige vor mehr als zweihundert Jahren von Fermat entdeckte zahlentheoretische Sätze bis zum heutigen Tage nicht gelungen ist, steht es jedem frei, an der Richtigkeit jener zu zweifeln, und es wird die Bürgschaft keiner Autorität diesen Mangel auszugleichen instande sein.

Wir können jetzt dazu übergehen, die Ausführungen von Humes *treatise* über die mathematische Methode und den Grad der Gewissheit, zu dem sie führt, mit den entsprechenden des *essay* zu vergleichen. Dazu ist aber notwendig, sie im Zusammenhang mit seiner Darstellung der Kausalitätstheorie zu erörtern. Und so betrachtet, tritt entschieden eine Entwicklung von der Zeit der Jugendschrift bis zu ihrer späteren Umarbeitung zu Tage, die, wenn sie auch die Lehre von der Kausalität im wesentlichen unberührt liess, doch seine Ansicht über die Evidenz und den Ursprung geometrischer Sätze nicht unerheblich modifizierte. Zunächst ist zu bemerken, dass die scharfe Scheidung zwischen „*relations of ideas*" und „*matters of fact*", wie sie im *essay* vorhanden ist, sich im *treatise* noch nicht findet. Vielmehr ist hier behauptet, dass die Gegenstände „*of human reason and inquiry*" stets nur Relationen sind, die nun freilich zerfallen „*into such as depend entirely on the ideas which we compare together*,¹ *and such as may be changed without any change in the idea*."² Nur die ersteren sind im *essay* als „*relations of ideas*" beibehalten, und zwar werden hier von ihnen nur die Grössen - und Zahlbeziehungen ausdrücklich namhaft gemacht, während die Wissenschaften, die sich mit der zweiten Gruppe von Relationen, also wesentlich mit der Kausalität befassen, nach dem *essay* die „*matters of fact*" zu ihrem Gegenstande haben.

Als das Eigentümliche der Sätze, die über die erstgenannten Relationen Aussagen machen, also im wesentlichen der geometrischen und algebraischen Sätze, wird im *essay* hingestellt, dass sie 1) unmittelbar oder mittelbar gewiss sind (*intuitively or demonstratively certain*), 2) entdeckbar sind ohne Zuhülfe-

---

[1] *resemblance, contrariety, degrees in quality, proportions in quantity or number.*
[2] *relations of time and place, identity, causation* III, 1. II 1, 172

nahme der Erfahrung (*discoverable by the mere operation of
thought* und 3) gültig sind unabhängig von der Erfahrung.¹
Durch alle drei Eigenschaften unterscheiden sich diese Sätze
nach den Ausführungen im *essay* von den Schlüssen, die über
Thatsachen etwas aussagen, — oder im Sinne des *treatise* —
die sich auf die Relationen der Kausalität, Kontiguität in
Raum und Zeit, sowie der Identität beziehen. Denn von
diesen Sätzen sagt die spätere Schrift, sie haben 1) nur einen
mehr oder weniger hohen Grad von Wahrscheinlichkeit, es ist
2) zu ihrer Auffindung vorherige Erfahrung unentbehrlich und
3) gelten sie nur im Bereiche der Erfahrung.

Fragen wir nun, wie es mit dieser Gegenüberstellung sich
im *treatise* verhält. Was das erste der drei Argumente betrifft, so ist allerdings auch hier gesagt, dass die eine Gruppe
von Sätzen zu *knowledge and certainty*, die andere nur zu
probability führt, auch ist an einigen Stellen² davon Gebrauch
gemacht, dass bei den ersteren das kontradiktorische Gegenteil
denkunmöglich ist. Aber Hume sagt im *treatise*³ ausdrücklich,
dass diese unbedingte Gültigkeit von den mathematischen
Sätzen nur den arithmetischen ohne Ausnahme zukäme, dass
aber die Geometrie „*never attains a perfect precision and
exactness*"; ja, dass, wie wir sahen, bei manchen Sätzen, wie
dem, dass zwei sich schneidende Grade kein Stück gemeinsam
haben, das Gegenteil sehr wohl in gewissen Fällen denkbar sei.
Es verschlägt nichts, dass trotzdem Hume behaupten kann,
dass „*geometry .... much excels, both in universality and
exactness, the loose judgments of the senses and imagination*";
denn trotzdem würde er keinesfalls im Zusammenhange des
treatise mit besonderer Bezugnahme auf die geometrischen
Lehrsätze wie im *essay* behauptet haben, dass die Evidenz
der Thatsachenschlüsse, „*however great*", nicht ist „*of a like
nature with the foregoing*", d. h. also von ganz anderer Art ist.
Was dann das zweite Argument betrifft, so ist natürlich, —
denn das trifft ja den wesentlichsten Unterschied von Humes
Auffassung der Kausalität und der bis dahin üblich gewesenen,
auch im *treatise* klar und deutlich hervorgehoben, dass Aussagen, die sich auf die Relation der Kausalität stützen, in der

¹ W. IV, S. 20 ff.   ² III, 3. W. I, S. 381; III, 6. W. I, S. 390.   ³ III, 1.

Erfahrung und nur in dieser begründet sein können. Aber es wird dort die Auffassung des *essay*, dass die demonstrativen Schlüsse, wenigstens die geometrischen, ganz unabhängig von der Erfahrung gewonnen werden können, so gar nicht geteilt, dass eigentlich das Gegenteil davon behauptet wird. Freilich wird auch nach der Ansicht, die sich in Humes Erstlingsschrift vertreten findet, nicht jeder einzelne Satz der Geometrie unmittelbar durch die Erfahrung gewonnen; aber „*its* (der Geometrie) *original and fundamental principles are derived merely from appearances*" und „*that appearance can never afford us any security when we examine the prodigious minuteness of which nature is susceptible.*" Die Grundbegriffe und Grundsätze der Geometrie sind also allerdings der Erfahrung entnommen, und wenn die komplizierten Sätze, die durch deduktives Schliessen aus diesen abgeleitet werden, einen Anspruch auf hohe Genauigkeit machen können, so liegt es nur daran, dass jene „*appearances*", auf welche sich die Grundsätze stützen, „*by reason of their simplicity, cannot lead us into any considerable error.*"[1] Dass, um zum dritten Punkt zu kommen, Hume in seinem Jugendwerk noch ganz und gar nicht, wie im *essay*, der Meinung ist, dass „*though there never were a circle or triangle in nature, the truths demonstrated by Euclid would for ever retain their certainty and their evidence*", geht schon aus dem Schlussabsatz von section I in part III hervor, in welchem er gegen die Mathematiker Stellung nimmt, welche behaupten, dass ihre Gegenstände „*fall not under the conception of the fancy.*" viel deutlicher aber aus seinen früheren Erörterungen, in denen er darzulegen versucht, dass in den grundlegenden geometrischen Begriffen, z. B. dem des Grösser- und Kleinerseins von Strecken, dem der graden Linie und der Ebene, schlechterdings nichts gefunden werden könnte, was über die Möglichkeit empirischer Versinnlichung hinausginge.

Wenn die hier gegebene Darlegung richtig ist, so können wir natürlich Baumann in betreff dieses wesentlichsten Punktes nicht beistimmen, wenn er sagt: bei näherer Vergleichung der Ausführungen über Raum, Zeit und Mathematik in den beiden Fassungen „wird sich die Uebereinstimmung in der Auffassung

[1] III, 1. W. I. S. 373 f.

ergeben, und es wird sich auf diesem Wege herausstellen, dass Hume ... dieselbe Ansicht immer festgehalten hat."¹ Vielmehr scheint es uns, dass Humes Bestreben bei der späteren Umarbeitung, der Erörterung des Kausalitätsproblems eine möglichst klare und präcise Form zu geben, ihn fast mit Notwendigkeit dazu führen musste, zwischen deduktivem und induktivem Schlussverfahren, „*demonstrative reasoning, or that concerning relations of ideas*," und „*moral reasoning or that concerning matter of fact and existence*"² reinlicher und schärfer zu scheiden, als es in der Erstlingsschrift geschehen war. Hier ist von den Arten des Schliessens an der betreffenden Stelle überhaupt keine Rede, sondern nur von den „*relations*" und dem Grade der Gültigkeit der über dieselben gemachten Aussagen, „*knowledge*" und „*probability*." Wie wenig in der That Hume im *treatise* an eine scharfe Gegenüberstellung der beiden Schlussarten dachte, geht aus jener Stelle³ hervor, wo er sagt: „*Thus as the necessity, which makes two times two equal to four, or three angles of a triangle equal to two right ones, lies only in the act of the understanding, by which we consider and compare these ideas; in like manner the necessity or power, which unites causes and effects, lies in the determination of the mind, to pass from the one to the other.*" Freilich wollte er damit nicht mehr behaupten, als dass die notwendige Verknüpfung zwischen Ursache und Wirkung ebensowenig in den Objekten selbst liegt, wie im Dreieck selbst die Notwendigkeit des Satzes von der Winkelsumme zu finden ist; aber keinesfalls hätte er im Zusammenhang des *essay* diese Ausführung wiederholt, denn er hätte dann demjenigen Missverständnis Vorschub geleistet, welches zu verhüten er sich hier die erdenklichste Mühe giebt: dass nämlich die Gleichartigkeit der kausalen Vorgänge auf syllogistischem Wege zu erschliessen sei.

Mit alledem steht es auch im Einklang, dass Hume erst in der späteren Schrift sich dahin äussert: „*It seems to me, that the only objects of the abstract sciences or of demonstration are quantity and number, and that all attempts to extend this more perfect species of knowledge beyond these bounds are*

---

[1] BAUMANN, Die Lehren von Raum, Zeit und Mathematik in der neueren Philosophie. II, S 483. [2] W. IV, 31. [3] III, 14. W. I, 460.

mere sophistry and illusion."[1] aus dem Grunde, wie wir in seinem Sinn hinzufügen können, weil die Eigenart der Methode der mathematischen Wissenschaften, welche sie eben zu *„a more perfect species of knowledge"* macht, ausschliesslich durch die Besonderheit ihrer Gegenstände bedingt ist.

Lassen wir nun die Ausführungen des *treatise* einmal ganz bei Seite und fassen nur die späteren Aeusserungen über die eigenartige Natur der Geometrie ins Auge, so reiht sich mit ihnen Hume den Ansichten, die sich über denselben Gegenstand bei Deskartes, Hobbes und Locke finden, in folgerechter historischer Entwicklung an.[2]

Deskartes und Hobbes stimmen darin überein, dass die Mathematik, speziell die Geometrie, das Muster einer Wissenschaft sei und die übrigen Wissenschaften eigentlich erst dann diesen Namen verdienen, wenn die geometrische Methode auf sie anwendbar geworden ist. Besteht doch nach ihnen das Wesen jeder Wissenschaft darin, aus angeborenen oder erworbenen Begriffen auf deduktivem Wege neue Wahrheiten zu erschliessen. In diesem Geiste offenbar ist des Cartesius „*omnia quae clare cognosco vera sunt*" aufzufassen, aus ebenderselben Anschauung entsprang die Ausführung von Hobbes: *Certitudo scientiarum omnium aequalis est, alioqui enim scientiae non essent cum Scire non suscipiat magis et minus. Physica, Ethica, Politica si bene demonstrata essent non minus certa essent quam pronuntiata mathematica*[3] Und es erscheint kaum nötig, darauf hinzuweisen, dass Spinoza als derjenige Philosoph anzusehen ist, der aus jener Anschauung die letzten Konsequenzen zog.

Diese Wertschätzung der mathematischen Methode, deren Quell die damals in hoher Blüte stehende geometrisch-mechanische Wissenschaft war, findet sich ebenso noch bei Locke und bei Hume. Der Fortschritt beider über Deskartes und

---

[1] W. IV, 133.
[2] Bei der folgenden Darstellung ist ein von B. Erdmann gegebener Ueberblick benutzt (Archiv für Geschichte der Philosophie. 1888. Bd. II S. 113 ff.). Die Citate auf S. 113 unter dieser Abhandlung sind durch Druckfehler entstellt; sie müssen lauten: I⁴ 123, II² 175, 179 — I² 161 f. 171 f. — I² 197 — 1681 (I² 225 f.).
[3] *Contra geometras.*

Hobbes hinaus besteht aber in der Einsicht, dass die eigentümliche Methode der Mathematik nicht auf alle Wissenschaften übertragbar sei. In diesem Sinne sagt Locke: *Physique, polity and prudence are not capable of demonstration, but a man is principally helped in them by the history of matter of fact, and a sagacity of enquiring into probable causes, and finding out an analogy in their operations and effects.*[1] Vielmehr ist nach ihm eine Anwendung des demonstrativen Verfahrens ausserhalb des Bereichs der mathematischen Wissenschaften nur da zulässig, wo die Uebereinstimmung oder Verschiedenheit zweier Vorstellungen zu erkennen ist *„by an intuitive perception of the agreement or disagreement they have with any intermediate ideas."*[2] Freilich ist es nicht dasselbe Kriterium, welches er an anderer Stelle (Lord King, I², 224) dafür angiebt. Hier teilt er die Gegenstände der wissenschaftlichen Untersuchung ein in „*true ideas*" und „*matter of fact or history*" und behauptet nun, dass alles allgemeingültige Wissen sich nur auf wahre Ideen gründen könne und nur auf diese das deduktive Verfahren anwendbar sei. Solche „*adequate and compleat ideas*" sind aber die Gegenstände der Moralwissenschaft.[3] z. B. Tugend und Untugend, und ebenso wie bei denjenigen der Geometrie wird von ihrer Existenz oder Nichtexistenz in den Sätzen der Sittenlehre gänzlich abstrahiert.[4] Deshalb sind diese Sätze ebenso wie die mathematischen einer Demonstration fähig,[5] und ihre Gewissheit ist also ebenso gross wie die der geometrischen Wahrheiten.[6] In ähnlicher Weise und mit ganz analoger Begründung sagt auch Berkeley: *In morality the eternal rules of action have the same immutable universal truth with propositions in geometry.*[7]

Erst Hume aber, bei dem Lockes Trennung der Gegenstände wissenschaftlicher Untersuchung in „*true ideas*" und „*matter of fact*" als Unterscheidung der „*relations of ideas*" von den „*matters of fact*" zu einer bedeutungsvollen Grundlage seiner Kausalitätstheorie wird, spricht, wie wir sahen, es deutlich aus, dass die besondere Methode der Mathematik auch

---

[1] Lord KING, the Life of John Locke. I² 226.
[2] Essay b. IV, ch. 2, § 9. [3] essay IV, 4, 7. [4] IV, 4, 5. [5] IV, 12, 5.
[6] IV, 4, 7. [7] W. III, S. 138.

die eigentümlichen Gegenstände dieser Wissenschaft, räumliche Grösse und Zahl, zur Voraussetzung habe und niemals anwendbar sei, wenn die Gegenstände der Untersuchung andere wären.

In den Ansichten über die Anwendbarkeit der mathematischen Methode ist also ein Fortschritt von Deskartes zu Hume deutlich zu erkennen. Dagegen sind diese beiden Philosophen, wenigstens soweit wir nur des letzteren essay in Betracht ziehen, mit Locke und Hobbes in der Behauptung völlig eins, dass die Sätze der Geometrie unabhängig von der Erfahrung zu gewinnen seien und ihre Gültigkeit behalten, auch wenn die geometrischen Gebilde nirgendwo in der Natur angetroffen werden. Denn nicht nur der Sinn, sondern auch beinahe der Wortlaut der Behauptung bleibt der nämliche, ob es heisst, der Satz von der Winkelsumme eines Dreiecks bleibe richtig, „*etsi fortasse talis figura nullibi gentium extra cogitationem meam existat, nec unquam exstiterit,*"[1] oder ob es heisst: „*etsi nullus angulus existeret in mundo,*"[2] oder ob man mit Locke sagt: „*whether there be any such figure as a triangle existing in the world or no,*"[3] oder endlich mit Hume: „*though there never were a ... triangle in nature.*"[4]

---

[1] *Cart. Med.* V. [2] Hobbes, *contra geometras*. [3] Lord King I², 226, vgl. auch *essay* IV, 4, 8. [4] W. IV, S. 22.

VITA.

Natus sum Eugenius Meyer, Bielefeldensis, die XVII. mensis Junii a. h. s. LXXI patre Gustavo, matre Jenny e gente Geiger quam mihi superstitem pio gaudeo animo. Fidei addictus sum mosaicae. Primis literarum elementis imbutus per septem annos gymnasium reale Bielefeldense, quod floret directore O. Nitzsch viro optime de me merito, frequentavi. Deinde vere anni h. s. LXXXIX maturitatis testimonio instructus primum Giessae mathesi operam dare coepi. Anno post Berolinum me contuli, ubi per quinquies sex menses studiis mathematicis, physicis, philosophicis, geographicis incubui. Quae ut conficerem autumno anni h. s. XCII Halas Saxonum migravi. Ubi examine pro facultate docendi superato inter sodales seminarii paedogogici Moeno-Francofurtani, quod est conjunctum cum schola reali superiore quae Klingerschule vocatur, receptus sum.

Audivi lectiones cum aliorum tum horum magistrorum clarissimorum:

Giessae: Groos, Heffter, Himstedt, Netto, Pasch, Siebeck.

Berolini: Fuchs, Geiger, † Kronecker, Kundt, Paulsen, Planck, Richthofen.

Halis: G. Cantor, Dorn, B. Erdmann, Kirchhoff, Wangerin, quibus viris omnibus gratias ago quam maximas semperque agam.

THESEN.

1. Baumanns Behauptung, dass Hume im *treatise* dieselben Ansichten über Raum und Mathematik ausgesprochen habe wie im *essay*, ist unrichtig.
2. In dem absoluten Masssystem der Physik muss die Einheit der Energie als dritte Fundamentaleinheit an die Stelle der Masseneinheit treten.
3. Im mathematischen Schulunterricht ist möglichst früh der Begriff der Funktion und der veränderlichen Grösse einzuführen.
4. In der Mathematik hat eine Definition nur dann einen Wert, wenn eine Methode zur Entscheidung darüber vorhanden ist, ob ein vorgelegter Gegenstand unter die Definition fällt oder nicht.